Belongs to

Hello Little One

Hello Little One

Hello Little One

Hello Little One

Hello Little One

Hello Little One

Hello Little One

Hello Little One

Hello Little One

Hello Little One

Hello Little One

Hello Little One

Hello Little One

Hello Little One

Hello Little One

Hello Little One

Hello Little One

Hello Little One

Hello Little One

Hello Little One

Hello Little One

Hello Little One

Hello Little One

Hello Little One

Hello Little One

Hello Little One

Hello Little One

Hello Little One

Hello Little One

Hello Little One

Hello Little One

Hello Little One

Hello Little One

Hello Little One

Hello Little One

Hello Little One

Hello Little One

Hello Little One

Hello Little One

Hello Little One

Hello Little One

Hello Little One

Hello Little One

....

....

....

....

....

....

....

....

....

....

....

....

....

....

....

....

....

....

....

....

....

....

....

Hello Little One

Hello Little One

Hello Little One

Hello Little One

Hello Little One

Hello Little One

Hello Little One

Hello Little One

Hello Little One

Hello Little One

Hello Little One

Hello Little One

Hello Little One

Hello Little One

Hello Little One

Hello Little One

Hello Little One

Hello Little One

Hello Little One

Hello Little One

Hello Little One

Hello Little One

Hello Little One

Hello Little One

Hello Little One

Hello Little One

Hello Little One

Hello Little One

Hello Little One

Hello Little One

Hello Little One

Hello Little One

Hello Little One

Hello Little One

....

....

....

....

....

....

....

....

....

....

....

....

....

....

....

....

....

....

....

....

....

....

....

....

Hello Little One

Hello Little One

Hello Little One

Hello Little One

Hello Little One

Hello Little One

Hello Little One

Hello Little One

Hello Little One

Hello Little One

Hello Little One

Hello Little One

Hello Little One

Hello Little One

Hello Little One

Hello Little One

Hello Little One

Hello Little One

Hello Little One

Hello Little One

Hello Little One

Hello Little One

Hello Little One

Hello Little One

Hello Little One

Hello Little One

_____
_____
_____
_____
_____
_____
_____
_____
_____
_____
_____
_____
_____
_____
_____
_____
_____
_____
_____
_____
_____
_____
_____
_____
_____
_____
_____
_____
_____
_____
_____

Hello Little One

Hello Little One

Hello Little One

Hello Little One

Hello Little One

Hello Little One

Hello Little One

Hello Little One

Hello Little One

Hello Little One

Hello Little One

Hello Little One

Hello Little One

Hello Little One

Hello Little One

Hello Little One

Hello Little One

Hello Little One

Hello Little One

Hello Little One

Hello Little One

Made in the USA
Las Vegas, NV
14 May 2023

72059781R00075